Dieses Lesemaus-Buch gehört:

____

Die schönsten Bauernhof-Geschichten

CARLSEN

INHALTSVERZEICHNIS

4

Ich hab einen Freund, der ist Bauer

Eine Geschichte von Ralf Butschkow
mit Bildern von Ralf Butschkow

5

Frühlingszeit im Kindergarten

Eine Geschichte von Sandra Ladwig
mit Bildern von Jule Johansen

6

Auf dem Bauernhof durch das Jahr

Eine Geschichte von Sandra Ladwig
mit Bildern von Anne Ebert

1

Der Bauernhof

„Guten Morgen", ruft Bäuerin Nina fröhlich ihrem Praktikanten Mario zu. Es ist ein ganz normaler Mittwochmorgen auf dem Krumpshof. Nina und Mario stehen früh auf und versorgen die Tiere. Mario möchte vielleicht später selbst Bauer werden. Zum Ausprobieren arbeitet er als Praktikant bei Nina auf dem Hof. Nina hält Schweine, Hühner, Kühe und Schafe.

Außerdem leben auf dem Hof auch noch ein paar Mäuse und Katzen und der Hofhund Schulze.

„Fang du heute mit den Schweinen an", sagt Nina zu Mario. „Dann kümmere ich mich um die Hühner."

Mario gähnt, nickt und läuft zum Schweinestall.

Mario füttert die Schweine mit Weizen, Gerste und Erbsen. Auch Mais mögen Ninas Schweine gerne. Während die Schweine fressen, schafft Mario den Mist aus dem Stall. Lieber würde er weiter an dem Pizzaofen arbeiten, den er für Nina neben dem Haus baut. Denn der Mörtel stinkt nicht so wie der Schweinemist. Eine Fuhre Mist nach der nächsten schafft Mario aus dem Stall. Den Mist bringt er auf den Misthaufen. Das ist kein Abfall. Nina benutzt den Mist als Dünger auf dem Feld, damit die Pflanzen besser wachsen.

Nina wirft dem Hahn und den Hühnern eine Handvoll Körner auf den Boden. Die können sich die Hühner selbst suchen, dann haben sie was zu tun. Während die Hühner auf dem Hof scharren und picken, sucht Nina die Eier aus dem Stroh im Hühnerstall. Ein paar Eier nimmt sie für das Frühstück mit ihren drei Kindern Marie, Malte und Jan und ihrem Mann Alexander mit.

Eines der Hühner geht gefährlich nah an den Schweinestall. „Vorsichtig, vorsichtig!", warnt Nina das Huhn und stellt den Zaun so hin, dass nichts passieren kann. Denn Schweine sind Allesfresser. Die fressen sogar Hühner.

Auf dem Krumpshof leben zwanzig Milchkühe. Nachts und zum Melken holt Nina die Kühe in den Stall. Die Euter der Kühe sind heute Morgen prall gefüllt. Die Kühe müssen gemolken werden.

Das macht Nina nicht von Hand, sondern mit einer Melkmaschine. Die Maschine pumpt die frische Milch in einen Tank. Hier wird sie gekühlt und später von der Molkerei abgeholt. In der Molkerei wird die Milch dann zu Käse, Butter, Joghurt oder Quark weiterverarbeitet. Auch die Kühe und Kälber bekommen morgens frisches Futter: Getrocknetes Gras mögen sie gerne. Nach dem Melken können die Kühe raus auf die Weide. Denn frisches Gras fressen Kühe am allerliebsten. Beim Kuhtreiben hilft auch Ninas Hund Schulze mit.

Vor dem Mittagessen wollen Nina und Mario noch auf das Feld fahren. Das Mähwerk haben die beiden schon hinten an den Traktor montiert. Jetzt versucht Nina, den Motor zu starten. Aber er will nicht anspringen. Nina klettert vom Sitz und klappt die Motorhaube ihres Traktors auf. „Oh nein! Ein Marder hat die Leitung hier zerbissen!“, stöhnt Nina. „Müssen wir jetzt den Traktor in die Werkstatt schieben?“, fragt Mario bange. Nina lacht. „Das würden wir nicht schaffen. Der ist viel zu schwer.“

Zum Glück hat Nina ein passendes Ersatzteil.
Sie repariert ihren Traktor einfach selbst.
„Bist du Bäuerin oder Automechanikerin?“, fragt Mario.
Nina grinst. „An manchen Tagen beides.“

Nina baut in diesem Jahr auf ihren Feldern Kürbisse und Rote Bete an. Aber es gibt eine Menge Unkraut, das den Pflanzen den Platz im Boden und das Licht wegnimmt. Mario beginnt, das Unkraut zu jäten.
„Ich helf dir später. Ich weiß, dass das anstrengend und nervig ist“, sagt Nina.
Aber Mario findet das Jäten nicht so schlimm. „Das ist wie ein Geduldspiel. Und so lerne ich auch jede Kürbispflanze persönlich kennen.“
Auf dem Feld der Roten Bete mäht Nina das Unkraut einfach ab.
Die Schnitthöhe hat sie genau eingestellt, damit sie nicht die Pflanzen abrasiert, die sie im Frühjahr gesät hat.

Im Folientunnel sind empfindliche Pflanzen vor zu viel Kälte oder Regen geschützt: Hier wachsen Ninas Tomaten, Gurken und auch der Salat.

Einen Teil des Gemüses verkauft Ninas Freundin Steffi im Hofladen. Der Hofladen hat mittwochnachmittags und samstags geöffnet. Steffi kommt schon um elf Uhr. Sie holt ein paar Kisten Tomaten und kiloweise Gurken und frische Salate aus dem Folientunnel und schleppt sie in den Laden.

Ninas Nachbar Andreas ist auch Bauer. Er liefert Äpfel und Käse an, die Steffi im Laden anbietet. Die Kunden aus der Umgebung kaufen gerne im Hofladen, weil das Obst und Gemüse hier so frisch und lecker ist.

Während Mario Mittagspause macht und Steffi im Laden arbeitet, holt Nina ihre Kinder von der Schule ab. Der Weg zur Schule führt vorbei an Ninas Haferfeld. Aus dem Hafer werden Haferflocken gemacht.

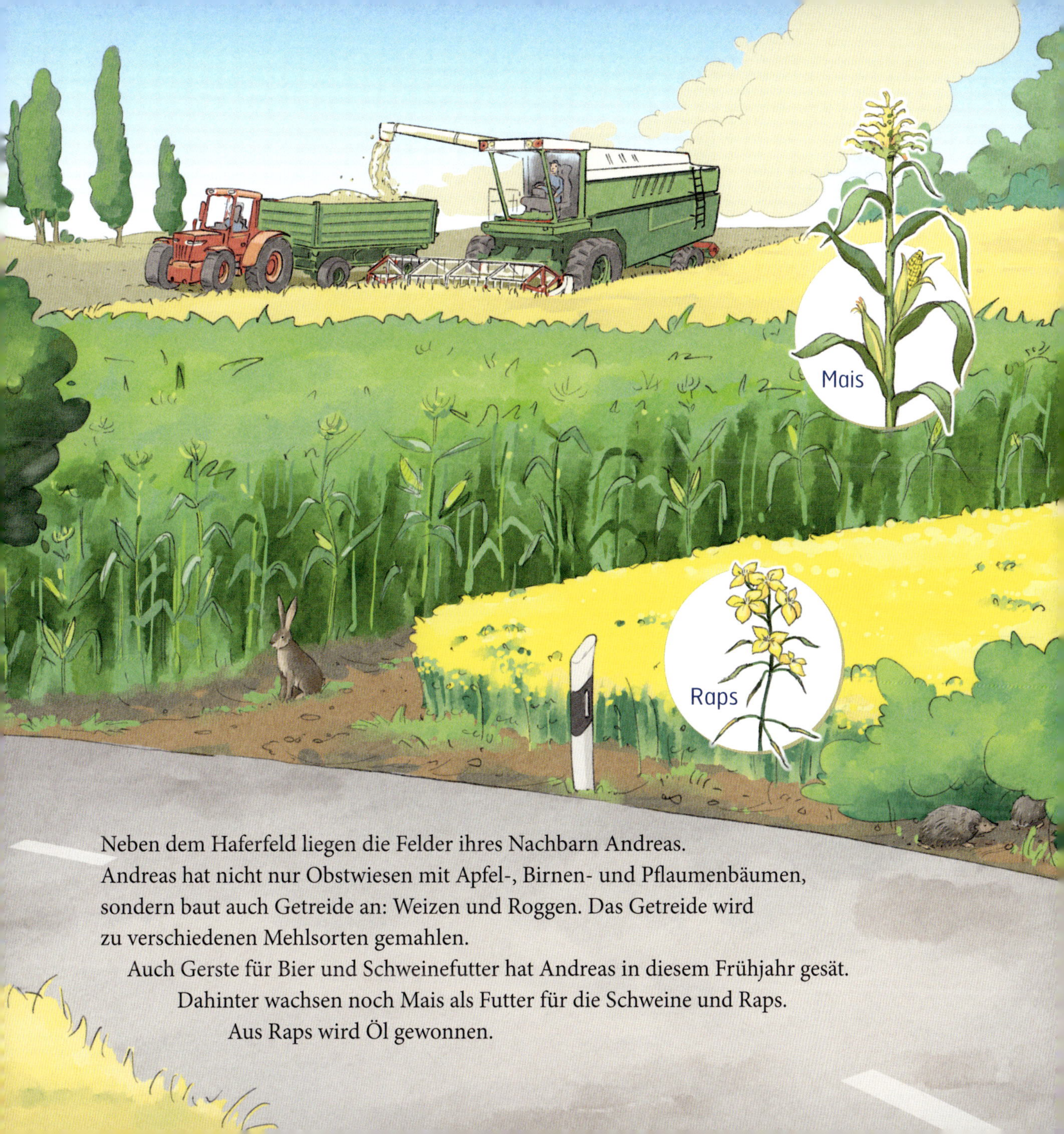

Neben dem Haferfeld liegen die Felder ihres Nachbarn Andreas. Andreas hat nicht nur Obstwiesen mit Apfel-, Birnen- und Pflaumenbäumen, sondern baut auch Getreide an: Weizen und Roggen. Das Getreide wird zu verschiedenen Mehlsorten gemahlen.

Auch Gerste für Bier und Schweinefutter hat Andreas in diesem Frühjahr gesät. Dahinter wachsen noch Mais als Futter für die Schweine und Raps. Aus Raps wird Öl gewonnen.

Am Nachmittag kommt Malte aufgeregt auf den Hof gerannt. „Die Schafe sind abgehauen!“ Die Schafe sind durch eine kaputte Stelle im alten Zaun entwischt. Jetzt irren sie im Wäldchen herum. Nina läuft mit Mario und ihrem Hund Schulze in den Wald. Zum Glück lassen sich die Schafe leicht mit einem Eimer Hafer anlocken. Ninas Mann Alexander und die Kinder sperren die Straße. Jetzt läuft Nina mit dem Hafereimer vorneweg. Hinten treiben Mario und Schulze die Schafe zusammen. So läuft die ganze Herde über die Straße auf eine andere Weide. Hier ist der Zaun sicher.

Die Wolle wächst bei Schafen immer weiter. Deshalb muss Nina die Schafe mindestens einmal im Jahr scheren. Das tut den Schafen aber nicht weh. „Das ist wie ein Besuch beim Friseur für die Tiere“, sagt Nina.

Nina sieht sich den kaputten Zaun an. „Den müssen wir morgen ausbessern."
„Wieso denn? Die Schafe sind doch jetzt auf einer anderen Weide", entgegnet Mario.
Aber Nina denkt nicht nur an die Schafe. „Durch das Loch im Zaun könnten Wildtiere auf die Weide und in die Felder kommen. Im Wald leben ja auch Waschbären, Dachse, Wildschweine und Füchse."
Nina hat nichts gegen die Wildtiere. Nur sollen sie nicht ihre Hühner fressen oder die Schafe reißen. „Wenn der Zaun wieder ganz ist, können wir die Kühe auf diese Weide bringen. Dann sehen sie auch mal was anderes", sagt Nina.

Am Abend ist Marios Pizzaofen fertig! Der Ofen wird natürlich direkt eingeweiht. Gemütlich sitzt die Familie auf der Terrasse zusammen und lässt sich die Pizza schmecken.
„Mein Opa ist Olivenbauer in Italien", erzählt Mario. „Der hat auch so einen Pizzaofen neben dem Haus." Nina holt Fotos von ehemaligen Praktikanten aus unterschiedlichen Ländern und erzählt, was sie auf ihren Feldern anbauen.

„Dieses Bild hier ist von Gregory aus den USA. Er bewirtschaftet dort riesige Weizenfelder!"

„Paco baut in Südamerika Kaffeebohnen an", erzählt Alexander.

Die lustige Maschine mit den langen Beinen ist ein Traubenvollernter. Mit dem kann die Winzerin Paula zwischen den Weinreben hindurchfahren. Aus den Trauben macht Paula Wein.

„Und was ist mit dir?", fragt Nina Mario. „Willst du auch Bauer werden?"
Mario überlegt. „Noch lieber würde ich Pizzaöfen bauen. Für alle Bauernhöfe. Überall auf der Welt."

2

Große Fahrzeuge auf dem Bauernhof

Wenn Tim aufwacht, hat er nur eines im Kopf: Er will zu Onkel Georg auf den Bauernhof. Da ist immer was los. Tim holt gern die Eier aus dem Hühnerstall oder füttert die Kühe. Aber am besten findet er die vielen großen Maschinen. Onkel Georg hat verschiedene Schlepper und Geräte, die ihm bei der Arbeit helfen.

Der Frontlader hebt schwere Lasten, der Pflug gräbt die Erde um, der Kreiselmäher schneidet Gras. Manche Maschinen braucht Onkel Georg fast jeden Tag, andere nur selten. Der Mähdrescher steht fast das ganze Jahr im Fahrzeugschuppen.

Der große Traktor ist stark: Er hat 100 PS und fährt 40 Kilometer pro Stunde. Mit den kleinen Vorderrädern schafft er die engsten Kurven. Und für die großen Hinterreifen ist kein Feldweg zu holprig. Solange im Januar und Februar die Erde gefroren ist, gibt es auf den Feldern wenig zu tun. Dann kümmert sich Onkel Georg um seine Maschinen. Er zieht lose Schrauben fest, wechselt die Reifen oder ölt ein quietschendes Lager. Wenn der Frühling kommt, muss alles fertig sein.

Als es noch keine Maschinen gab, war das Leben auf dem Bauernhof sehr schwer. Vater, Mutter, Kinder und sogar die Tiere mussten bei der Arbeit helfen. Zum Pflügen spannte der Bauer seine Ochsen an.

Heute hängt Onkel Georg den schweren Eisenpflug einfach hinten an den Traktor. Die spitzen Schaufelblätter bohren sich in die Erde und ziehen tiefe Furchen. Das macht den Boden schön locker. So können Weizen, Mais und Kartoffeln gut wachsen.

Onkel Georg lacht vom Fahrersitz des Traktors herunter: „Na, willst du mal?“ Und ob! Tim darf sich auf seinen Schoß setzen und das Lenkrad halten.

Plötzlich rümpft Tim die Nase. Was riecht denn da wie ein Plumpsklo für Kühe? Ach so, der Güllewagen. Er ist randvoll mit Kuhfladen und Urin. Diese Mischung wird jetzt auf die Felder gespritzt. Für den Mais ist die Brühe gut: Er wird davon groß und stark.

Im März sät Onkel Georg den Weizen aus. Tim darf die Körner in die Sämaschine schütten. Ruhig tuckert der Traktor über das Feld. Aus vielen kleinen Löchern fallen die Samen auf den Boden.

Nach einer Woche spitzen winzige grüne Keime aus der Erde. Jetzt brauchen sie gutes Wetter: Mal Sonne, mal Regen – so mögen es die Pflanzen am liebsten.

Kartoffeln wachsen unter der Erde. Jede Knolle hat lange Triebe, an denen die kleinen, neuen Kartöffelchen hängen. Im April werden die Mutterkartoffeln gesetzt. Zu Hause im Garten macht Tim das mit der Schaufel.

Schneller geht es mit der Pflanzmaschine. Die gräbt eine Rille und lässt eine Knolle nach der anderen hineinplumpsen. Dann deckt sie alles wieder gut mit Erde zu.

Im August ist Erntezeit für den Weizen. Staunend sieht Tim zu, wie der Mähdrescher die goldgelben Halme aufnimmt. Hinten fällt das leere Stroh zu Boden.

In der Maschine drehen sich mehrere Trommeln
und schütteln den Weizen aus der Schale. Die Körner fördert der lange
Giraffenhals auf einen Anhänger. Die werden zur Mühle gebracht.
Dort wird das Getreide zu Mehl gemahlen. In Tüten verpackt kann man
es im Supermarkt kaufen und Brot daraus backen.

Jetzt zieht Onkel Georg die Rundballenpresse über das Stoppelfeld. Sie nimmt das herumliegende Stroh auf und presst daraus riesige Rollen. Ein Ballen wiegt ungefähr so viel wie die elf Jungs in Tims Fußballmannschaft. Für den Frontlader ist das kein Problem: Mühelos hebt er die schweren Bündel hoch und stapelt sie auf den Anhänger. Das gibt ein schönes, weiches Bett für Kühe, Schweine, Hühner und für Tims Hasen Schnuffel.

Kühe sind Wiederkäuer. Sie mampfen den ganzen Tag, als hätten sie einen großen Kaugummi im Mund. Gern mögen sie Heu, also trockenes Gras. Für diese Woche hat der Wetterbericht Sonne angesagt. Genau das richtige Wetter zum Heumachen.

Onkel Georg schneidet die Wiese mit dem Kreiselmäher. Dann muss das Gras trocknen. Der Heuwender hat lange Zinken, mit denen er das Gras durcheinanderwirbelt. So kommt viel Luft daran.

Nach ein paar Tagen ist es so weit:
Die Halme duften und knistern leise,
wenn man sie umdreht.
Die Heuballenpresse macht Pakete
aus dem Heu. So lässt es sich gut
in der Scheune stapeln.
Einen Ballen bringt Onkel Georg
zu Tim nach Hause. Da kann Schnuffel
lange dran knabbern!

Tim mag gern Popcorn. Das macht man aus getrocknetem Mais. Die goldbraunen Körner werden so lange heiß gemacht, bis sie aufplatzen und sich in leckere weiße Wölkchen verwandeln. Kühe fressen auch Mais. Sie bekommen eine Art Müsli aus den fein gepressten gelben Kolben und den grünen Blättern. Ende September sind die hohen Stängel ausgewachsen. Wie ein hungriges Tier schiebt sich der Maishäcksler über das Feld. Schon hat er alle Pflanzen kurz und klein gebissen und spuckt sie auf den Kipper.

Das Jahr ist fast vorbei. Das Kartoffelkraut wird braun und dürr.
Jetzt sind die Knollen unter der Erde reif. Im Oktober leiht sich Onkel Georg
den großen Vollernter vom Nachbarn. Der macht alles automatisch:
Kartoffeln ausgraben, das Kraut trennen, Erdbrocken zu Boden schütteln.
Tim passt auf, dass keine Steine auf das Förderband rutschen.
Zum Schluss kommt das Schönste: ein Lagerfeuer.
Frisch aus der Glut schmecken die Kartoffeln am besten!

Im November hat Tim Geburtstag. Er bekommt einen Anhänger für seinen Traktor geschenkt! Tim lädt gleich eine Fuhre Heu auf. Schnuffel soll auch etwas zu feiern haben.

3

Molli, das kleine Schaf

Es ist ein wunderschöner Tag im April. Die Frühlingssonne strahlt warm. Nur einige Schäfchenwolken tummeln sich am blauen Himmel. Eine Schafherde steht auf der Weide und grast. Das frische Grün schmeckt lecker. Sie rupfen das Gras ab und kauen es immer wieder. Ein Schaf steht etwas abseits und atmet schwer. Das ist Martha.

Unter der dicken Wolle ist Marthas runder Bauch zu sehen. Seit fünf Monaten wächst ein Lamm in ihrem Bauch. Martha spürt, dass das Baby jetzt auf die Welt kommen will. Langsam geht sie in den Stall.

Im Stall legt sich Martha auf das frische Stroh. Das Lamm bewegt sich in Marthas Bauch. Martha muss kräftig drücken, damit es herauskommt. Das ist ganz schön anstrengend! Bald ist der Kopf zu sehen. Martha drückt noch einmal ganz fest und – schwups – ist das kleine Lamm da! Das ist Molli. Ihre Wolle ist noch ganz nass von der Geburt. Molli macht leise „Mäh“ und Mama Martha leckt ihr Lamm trocken.

An Mollis Bauch hängt noch die Nabelschnur. Sie wird bald abfallen. Nach kurzer Zeit versucht die kleine Molli aufzustehen. Das ist gar nicht so leicht. Doch dann steht sie auf ihren dünnen Beinchen. Das sieht noch ziemlich wackelig aus! Molli hat Durst. Wo gibt es etwas zu trinken?

Molli sucht bei Mama Martha. Sie gräbt ihren Kopf in die dicke Wolle. Wo ist nur das Euter mit den Zitzen? Molli sucht und sucht. Endlich! Die erste Milch gibt ihr viel Kraft und schmeckt gut.

Bald wird Molli müde und muss sich ausruhen. Sie kuschelt sich an Mama Martha und schläft ein.

Molli ist nun schon eine Woche alt. Heute ist ein großer Tag, sie darf zum ersten Mal aus dem Stall heraus. Martha geht voran. Molli bleibt nahe bei ihrer Mutter. Es gibt so viel zu sehen auf der Weide: andere Schafe mit ihren Lämmern und viele Vögel, die im Gras nach Würmern picken.

Molli ist jetzt jeden Tag draußen. Wenn sie Durst hat, stupst sie mit ihrer Nase an das Euter der Mutter, damit die Milch fließt. Molli probiert auch schon, die saftigen Grashalme abzurupfen. Am liebsten spielt sie mit den anderen Lämmern auf der Weide.

Was ist denn das? Molli steckt ihre Nase ins Gras. Plötzlich hüpft ein kleines grünes Tier in großen Sprüngen davon. Erschrocken weicht Molli zurück. Einen Frosch hat sie noch nie gesehen. Laut blökend läuft sie zu ihrer Herde zurück.

Es ist Sommer geworden. Die großen Schafe schwitzen unter ihrer dicken Wolle. Jochen, der Schafscherer, kommt auf die Weide. Er hat eine Maschine dabei, die wie ein Rasierapparat aussieht. Blitzschnell greift er sich Martha und setzt sie auf den Po. So hält das Schaf ganz still.

Jochen schert Martha die ganze Wolle in einem Stück ab. Das tut ihr nicht weh. Als er fertig ist, liegt ein großer Berg Wolle auf der Weide. Martha sieht nun ganz anders aus. Die kleine Molli blökt aufgeregt, weil sie ihre Mutter nicht wiedererkennt. Martha antwortet und läuft schnell zu Molli. Beruhigend schleckt sie ihr über den Kopf.

An einem Abend im Spätsommer grasen die Schafe friedlich auf ihrer Weide. Am Himmel ziehen dunkle Wolken auf. Plötzlich zuckt ein Blitz über der Weide. Lauter Donner grollt. Molli und die anderen Lämmer laufen ängstlich zu ihren Müttern. Alle Schafe drängen sich eng aneinander.

Aus den schwarzen Wolken fallen jetzt dicke Regentropfen.
Die kleinen Lämmer suchen Schutz unter den großen Schafen.
Der Regen wird immer stärker, aber den Schafen macht das
nichts aus: Das Wasser perlt von der Wolle ab.

Der Herbst ist da! Die Blätter der Bäume leuchten in den schönsten Farben. Molli ist groß geworden. Ihre Wolle wird immer dichter. Sie frisst jetzt Gras. Wenn sie Durst hat, trinkt sie Wasser aus einem Trog. Manchmal saugt sie aber auch noch die Milch ihrer Mutter.

Die Schäferin kommt auf die Weide und bringt einen Korb voll roter Äpfel mit. Sie schneidet die Äpfel klein und gibt sie den Schafen. Auch Molli bekommt einige Stückchen ab. Das ist ein Leckerbissen!

Es ist Winter. Auf der Weide ist es bitterkalt. Der Schnee liegt hoch. Alle Schafe haben ihren „Wintermantel“ angezogen, die Wolle ist dick nachgewachsen. Mollis Fell ist mit Raureif bedeckt. Sie schnuppert im Schnee: kein Grashalm weit und breit!

Hungrig trabt sie in den warmen Stall zurück. In der Raufe liegt duftendes Heu. Die Schafe liegen im Stroh und kauen. Es ist sehr gemütlich. Molli frisst sich satt und kuschelt sich zufrieden in die Wolle von Mama Martha.

Wissenswertes über Schafe

Schafe können bis zu 15 Jahre alt werden und leben gerne in einer Herde zusammen. Je nach Größe der Herde gibt es ein bis mehrere Böcke – das sind die männlichen Tiere. Die weiblichen Tiere nennt man Schafe, die Kinder Lämmer.

Die Lämmer kommen nach ca. fünf Monaten Tragzeit zur Welt. Die meisten Schafe bekommen zwei Lämmer. Sie können nach kurzer Zeit aufstehen, bei ihrer Mutter trinken und herumlaufen.

Schafe gehören zu den Wiederkäuern. Sie haben vier Mägen und fressen überwiegend Gras, Heu und Kräuter, aber auch Gemüse, Obst und Getreide.

Schafe sind Nutztiere. Früher wurden sie wegen ihrer Milch, der Wolle und des Fleisches gehalten. Heute werden sie vorwiegend zur Landschaftspflege eingesetzt. In Deutschland gibt es neben den bekannten Schafrassen wie Texel und Milchschaf auch viele Landschaftsrassen, wie z. B. das Rauwollige Pommersche Landschaf. Diese Rassen sind sehr robust und können das ganze Jahr über draußen stehen.

Einmal im Jahr – meistens im Mai, wenn es wärmer wird – werden die Schafe geschoren. Die Schafwolle lässt sich spinnen, färben, zu Garnen und Filz verarbeiten.

4

Ich hab einen Freund, der ist **Bauer**

Mein Freund Peter ist Bauer. Auf seinem Hof baut er Mais, Getreide und Kartoffeln an und hält Milchkühe. Wie jeden Tag ist Peter schon seit 6 Uhr bei der Arbeit. Heute darf ich ihm dabei helfen.

Weil wir so früh anfangen müssen, habe ich heute Nacht bei Peter und seiner Frau Natalie übernachtet. Jetzt ist es 7 Uhr und ich bin noch ziemlich müde. Natalie schickt mich zum Kuhstall. Der ist leicht zu finden, denn dort ist es ziemlich laut.

„Guten Morgen, du Langschläfer!", ruft Peter mir zu. „Komm runter, du kannst mir beim Melken helfen." Vor dem Melkstand stehen die Kühe schon ordentlich in einer Schlange und warten darauf, gemolken zu werden.

„Die kommen von ganz alleine, weil das volle Euter drückt und sie die Milch loswerden möchten", sagt Peter, während er eine Kuh mit der Hand anmelkt. Dann setzt er die Melkbecher an die Zitzen. Die Maschine macht jetzt alleine weiter, bis das Euter leer ist. Danach werden die Melkbecher abgenommen und gründlich gesäubert, bevor die nächste Kuh drankommt. Wenn das Türchen aufgeht, verlässt die Kuh alleine den Melkstand.
„Kühe sind ganz schön schlau!", sagt Peter. Sie wissen nämlich, dass es gleich Frühstück für sie gibt.

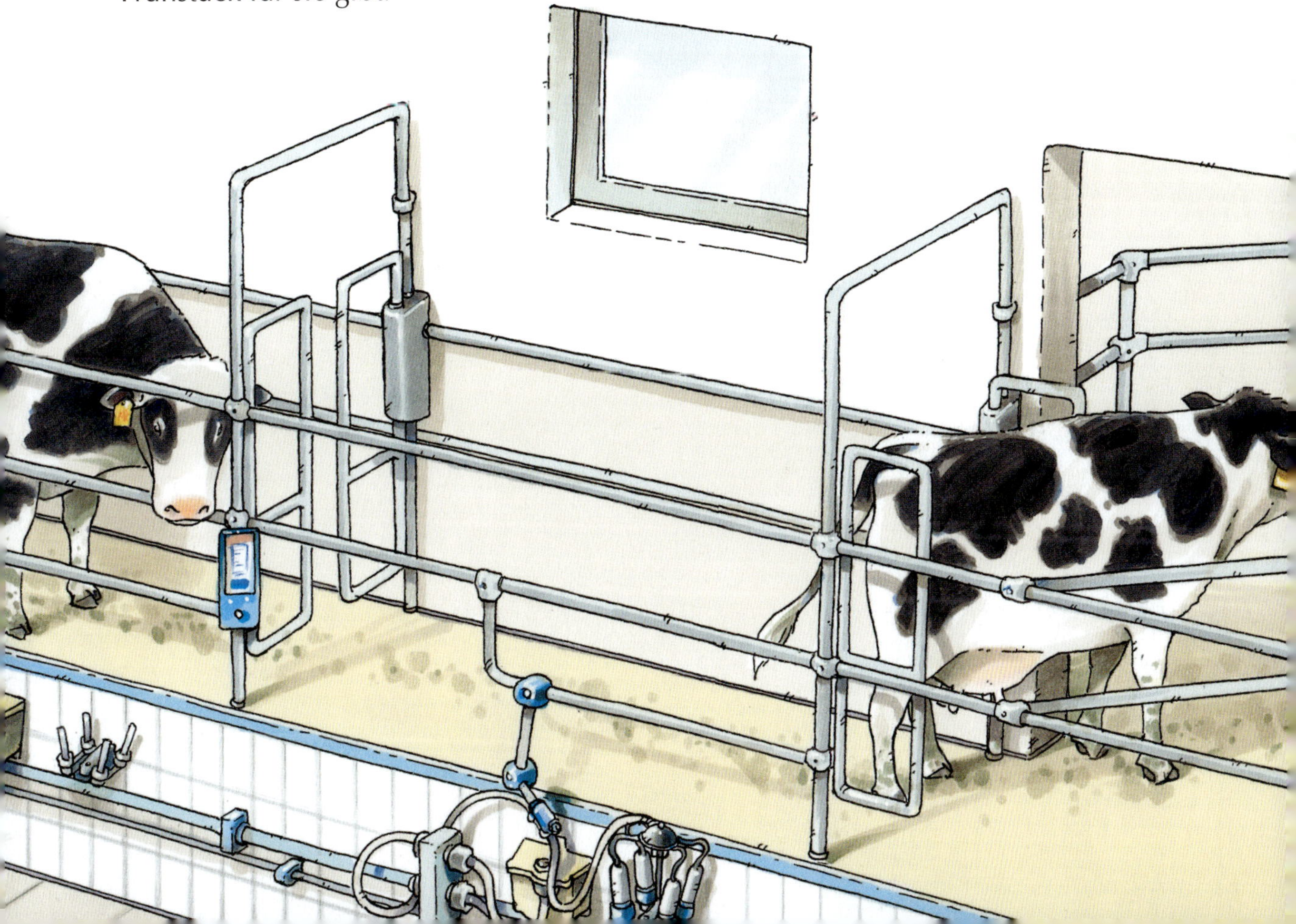

Mit dem Futtermischwagen wird das Futter für die Kühe verteilt. Ich brauche es nur noch zu den Kühen zu schieben, wenn sie es mit den Nasen zu weit weggeschubst haben.
Die Kühe dürfen den ganzen Tag im Stall frei herumlaufen, fressen, trinken oder sich hinlegen. Deswegen nennt man ihn auch Freilaufstall. Es gibt sogar einen Apparat, von dem die Kühe sich bürsten und kratzen lassen können.
Die Kuhfladen und das Kuhpipi verschwinden in den Spalten im Boden.
„Das landet als Gülle draußen in einem großen Becken", sagt Peter.

Otto Dübel Landtechnik
NF
RA 62

„Der Urin und Kot aus den Ställen werden in dem Becken dahinten gesammelt", erklärt mir Peter. „Ein Teil der Gülle wird als Dünger mit diesem Wagen auf die Felder und in den Boden eingebracht, damit die Pflanzen gut mit Nährstoffen versorgt werden. Der Rest kommt zusammen mit anderen Stallabfällen in große Gärbehälter. Davon leben dann winzige Bakterien. Damit immer genug Futter für die Bakterien da ist, legen wir einen Vorrat an Biomasse in einer Silage an. Die Bakterien produzieren Gase, die wir für die Stromerzeugung verwenden."
Pupsende Bakterien, die gut für die Umwelt sind? Ich bin beeindruckt!
„Jetzt geht es auf die Felder", sagt Peter. „Wir ernten, was im Sommer gewachsen ist."

SCHNEIDER 405

Auf dem großen Traktor fahren wir zu einem Kornfeld, auf dem gerade ein Mähdrescher das Getreide erntet. Er mäht das Korn mit seinem breiten Schneidwerk ab und trennt in seinem Inneren die Körner von der Spreu. Wir fahren mit dem Traktor dicht an den Mähdrescher heran, der das gesammelte Korn in hohem Bogen in unseren Überladewagen befördert.

„Schau mal, das ist eine Rollenpresse", sagt Peter und zeigt auf den Traktor, der uns entgegenkommt. „Er sammelt das ausgedroschene Stroh auf und wickelt es zu runden Strohballen, die wir als Einstreu für unsere Tiere verwenden."

NF UD 68
NF TH98

Ich halte mir die Nase zu. „Hui, waf ftinkt hier denn fo?“, frage ich Peter. „Hier stinkt nichts. Es riecht nur nach guter würziger Landluft“, lacht Peter und zeigt auf das Feld nebenan, das gerade mit der Gülle aus den Ställen gedüngt wird.

„Früher wurde die Gülle in weitem Bogen über das Feld verspritzt“, erzählt Peter. „Das hat richtig gestunken! Heute wird die Gülle direkt in den Boden eingearbeitet, damit nichts von den wertvollen Nährstoffen verloren geht. Vorher wird der Boden mit einem Grubber an der Oberfläche aufgebrochen und die Stoppeln in den Boden eingearbeitet. Die lockern den Boden auf und werden zu Humus. So nennt man Erde, die besonders viele Nährstoffe enthält.“

„Nährstoffe sind übrigens auch wichtig für Regenwürmer“, erklärt Peter. „Die lockern und lüften den Boden und düngen ihn mit ihrem Kot, wenn sie sich durch die Erde arbeiten.“

Wir haben den Hänger mit dem Korn abgeliefert und fahren mit einer Sämaschine zurück zu dem abgeernteten und frisch gedüngten Feld. Die Sämaschine zieht Furchen in den gelockerten Boden und legt Saatkörner einzeln genau in die Rillen.

Damit die Körner nicht von Vögeln gefressen oder vom Wind weggeweht werden, macht die Maschine die Rillen auch gleich wieder zu.
„Das Getreide kann schon bis zum Winter Blätter und Triebe entwickeln", erklärt Peter. „Daraus entstehen im Frühjahr Halme und Ähren, die wir im Sommer wieder als Getreide ernten können."

„Hast du Lust auf frisches Kartoffelpüree mit Spiegelei zum Abendessen?", fragt mich Peter.

„Na klar!", nicke ich begeistert. Die Arbeit macht nämlich ganz schön hungrig! Wir halten an einem Feld, auf dem offenbar nur vertrocknete Pflanzenreste liegen.

Eine große Maschine fährt gerade darüber. Peter zieht eine Pflanze aus der Erde und zeigt mir die Knollen, die an der Pflanze hängen – Kartoffeln! „Pflanzt man eine Kartoffel ein, wächst eine neue Pflanze heran und bildet unterirdisch wieder viele neue Kartoffeln“, erklärt er. „Der Kartoffelroder hebt die Kartoffeln aus dem Boden und trennt sie vom Kraut und von der Erde. Anschließend werden die Knollen zum Abtransport auf einen Ladewagen befördert. Steine muss man allerdings noch mit der Hand aussortieren.“

„So, Schluss für heute!“, ruft Peter. Puh, zum Glück! Ich bin ganz schön erschöpft von der Arbeit, die auf einem Bauernhof erledigt werden muss. Gerade stapelt ein Mitarbeiter von Peter noch mit einem Traktor die Strohballen vom Feld in der Scheune. Ich schaue derweil den Hühnern beim Scharren in der Erde zu und freue mich schon jetzt auf ein ganz frisches Spiegelei.

DEUTZ

Vor dem Abendessen gehen wir aber noch zu einem Gehege mit zwei Schafen und drei Ziegen. Das Fell der Schafe ist ganz weich. Die Wolle daraus ergibt bestimmt einen kuscheligen Pullover für den Winter!

„Die Ziegen heißen Liese, Lotte und Luise“, sagt Peter. „Und sie haben immer Hunger. Sie werden wie die Kühe jeden Tag gemolken. Allerdings von Hand und nicht mit einer Melkmaschine. Aus der Milch machen wir unseren eigenen Ziegenkäse.“
Ob ich den morgen mal beim Frühstück probieren darf?
„Du hast so toll mitgeholfen, deshalb habe ich noch eine Überraschung für dich“, sagt Peter. „Komm mal mit!“

Besen
Hühner
Alle diese Dinge brauche ich bei meiner Arbeit. Findest du sie im Buch?
Mistgabel
Verkaufsstand

Kartoffeln

Rinderbürste

Holzbeil

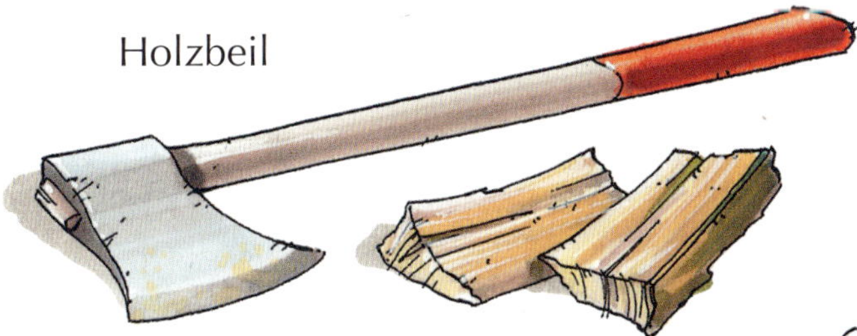

Schubkarre

Saatgut

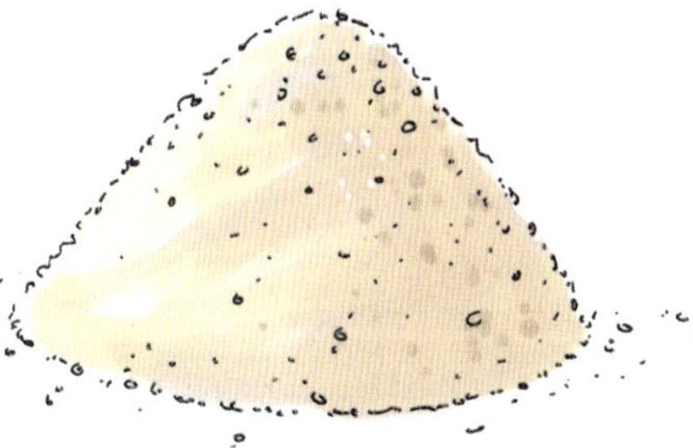

Das ist wirklich eine tolle Überraschung! Natalie und Peter haben im letzten Winter den alten Traktor restauriert. Als Belohnung für meine Hilfe fahren wir damit eine große Runde über die Feldwege. Und ich darf lenken! Da habe ich morgen viel zu erzählen, wenn Papa mich wieder abholt.
Wenn ich groß bin, will ich auch Bauer werden. Dann kann ich nämlich fast den ganzen Tag Traktor fahren!

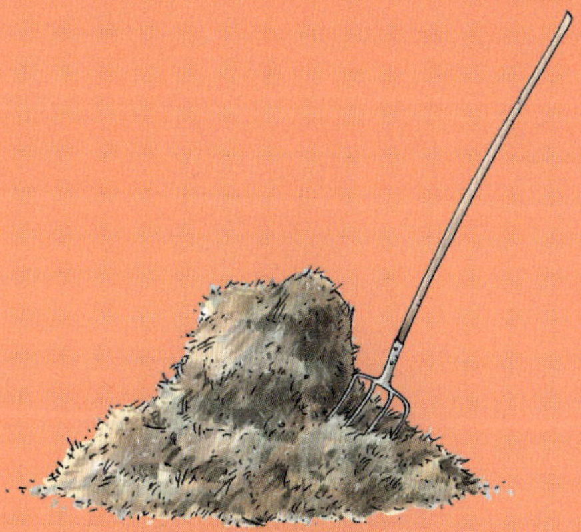

5

Frühlingszeit im Kindergarten

Es ist Frühling. Im Kindergarten basteln die „Kleinen Füchse“, Laura, Oskar, Rasmus, Luka und Mia, eine Jahreszeiten-Uhr. Auf einer großen Scheibe hat die Erzieherin Greta die zwölf Monate eingetragen. Und die vier Jahreszeiten: Frühling, Sommer, Herbst und Winter.
„Und welchen Monat haben wir gerade?“, fragt Greta.
„März!“, rufen die Kleinen Füchse laut im Chor.

Greta erklärt, dass es im Frühling wärmer wird und alles aus dem Winterschlaf erwacht. Viele Tiere kriechen dann aus ihrem Winterquartier. Bäume und Blumen fangen an, zu wachsen und zu blühen.

„Seht mal!“, ruft Greta und zeigt auf die Erde, wo kleine Blumen wachsen.

„Wisst ihr, wie die heißen?“, fragt sie.

„Schneeglöckchen“, sagt Laura zögerlich.

„Das sind die weißen, genau“, sagt die Erzieherin. „Und die lilafarbenen heißen Krokusse. Sie gehören zu den ersten Frühlingsblumen.“

Am nächsten Tag entdecken die Kleinen Füchse im Garten die ersten grünen Blätter an den Büschen und Knospen an den Bäumen. Plötzlich setzt sich ein Amselmännchen auf die Rutsche und zwitschert laut.

„Es sucht nach einem Weibchen. Die Amselweibchen sind übrigens braun und nicht schwarz wie die Männchen“, erklärt Greta. „Bald wird es Vogeljunge geben.“

Um den Vögeln beim Nestbau zu helfen, legen die Kinder Nistmaterial aus. Laura und Oskar verteilen Moos und Federn. Luka hat Schafswolle mitgebracht. „So haben es die Vogeljungen schön kuschelig“, findet er. „In der Musikschule haben wir ein Frühlingslied gelernt“, sagt Rasmus. „Komm, wir singen es vor“, ruft Oskar. Und schon singen die beiden los:

Alle Vögel sind schon da,
alle Vögel, alle!
Welch ein Singen, Musiziern,
Pfeifen, Zwitschern, Tiriliern!
Frühling will nun einmarschiern,
kommt mit Sang und Schalle.

„Mama macht heute Frühjahrsputz, deshalb holt mich Oma nachher ab.“

Mia steht neben Greta, die gerade ein paar Weidenzweige ins Wasser stellt. Mia streichelt über die weichen Kätzchen der Zweige.

„Das ist eine gute Idee“, sagt Greta. „Unser Gruppenraum hätte auch einen Frühjahrsputz nötig. Was meint ihr?“

Alle haben Lust, den Raum auf- und umzuräumen. Jeder findet etwas, das er verändern möchte.

Noch vor dem Mittagessen sieht der Gruppenraum ganz anders aus. Luka entdeckt sogar noch eine Luftschlange vom Faschingsfest hinter dem Puppenhaus.

Am nächsten Tag sind alle aufgeregt. Ein Puppenspieler kommt in den Kindergarten und führt die Geschichte von einer kleinen Raupe auf. Laura kann gar nicht glauben, dass die Raupe so viel fressen kann. Und als sie sich schließlich in einen wunderschönen Schmetterling verwandelt, sind alle ganz erstaunt.

Nach dem Stück erzählt der Puppenspieler den Kindern, dass einige Schmetterlingsarten in wärmeren Ländern überwintern. Andere Arten verbringen den Winter als Ei, Raupe oder Puppe in einem Kokon, bevor sie sich in der wärmeren Jahreszeit in Schmetterlinge verwandeln.

Gerade schien noch die Sonne, doch als die Kinder fertig angezogen sind und in den Garten gehen wollen, fängt es plötzlich an zu hageln.
„Ich will aber raus und nach dem Vogelnest gucken“, jammert Luka.
Das Amselpaar hat tatsächlich mit dem Nistmaterial ein Nest im Garten gebaut.
„Das geht leider nicht“, sagt Greta. „Aber soll ich dir einen Wetter-Reim beibringen? Pass auf:

April, April, der weiß nicht, was er will.
Mal Regen und mal Sonnenschein,
dann hagelt's wieder zwischendrein.
April, April, der weiß nicht, was er will.“

„Lasst uns lieber von drinnen das Wetter beobachten und nach unserer Wetterstation schauen“, schlägt Greta vor. Vor dem Fenster hängt ein Thermometer. „Der Strich ist viel weiter unten als gestern“, stellt Oskar fest. Heute ist es also kälter. Greta trägt die Temperatur auf einem Plakat ein. So können die Kinder beobachten, wie sich die Temperatur im Laufe der Wochen verändert.
Vor der Tür stehen ein Wasserstandsmesser und eine Wetterfahne. Die Fahne weht kräftig im Wind. „Wie viel Regen gefallen ist, überprüfen wir, wenn es aufgehört hat zu hageln“, sagt Greta.

Im Herbst haben die Kleinen Füchse Blumenzwiebeln in der Erde vergraben. Jetzt sind endlich Tulpen, Osterglocken und Narzissen im Beet zu sehen.
„Blühen die Blumen auch noch im Sommer?“, fragt Mia.
„Leider nicht“, sagt Greta. „Aber wir können neue Blumen säen, damit in ein paar Wochen der Garten immer noch schön bunt ist.“
Sie verspricht, Samen, Erde und kleine vorgezogene Blumen einzukaufen, damit sie die Beete bald bepflanzen können. In einem dicken Gartenbuch suchen sich die Kinder ihre Lieblingsblumen aus.

Auf einem Blatt hat Rasmus etwas entdeckt. „Guck mal, eine Raupe!“, ruft er. Greta holt Becherlupen, sodass die Kinder genau beobachten können, wie sich die Raupe vorwärtsbewegt.

„Vielleicht findet ihr noch andere kleine Tiere, die wir uns anschauen können. Seid aber vorsichtig mit den Tieren“, bittet Greta die Kinder.

Schon flitzen alle los. Mia findet eine Schnecke mit einem gelben Haus. Oskar und Laura versuchen, zwei Ameisen mit dem Becher zu fangen. Und Luka gräbt etwas Erde und einen Regenwurm aus.

„Ich möchte neben Rasmus sitzen", ruft Luka. „Und ich sitze neben Laura", bestimmt Oskar. Alle rufen wild durcheinander, als sie in den Bus einsteigen. Die Kleinen Füchse machen heute einen Ausflug zum Bauernhof.

„Guck mal, ganz viele Schafbabys!", ruft Mia, als sie am Bauernhof ankommen. „Das sind die Lämmer", sagt Greta. „Und seht mal dort hinten: Die Hühner haben auch Babys bekommen. Wisst ihr, wie man die nennt?"

„Küken!", schreien alle ganz laut. Die kennen sie aus dem Buch, das Greta ihnen letzte Woche vorgelesen hat. Der Bauer lacht. Er erzählt den Kindern, dass im Frühling immer viel los ist auf seinem Hof. Viele Tiere bekommen Junge. Auch die Katze hat drei Kinder.

„Bald ist Ostern“, sagt Greta heute im Stuhlkreis. „Hurra! Da suchen wir Ostereier“, sagt Rasmus. „Und wir gehen mit Oma und Opa in die Kirche.“
„Ostern ist das wichtigste Fest der Christen“, erklärt Greta. „Nachdem Jesus an Karfreitag gestorben war, ist er zwei Tage später wieder auferstanden, um in den Himmel zu Gott zu kommen. Das Osterfest erinnert jedes Jahr daran.“

Die Kinder zählen auf, was sie gern an Ostern machen. Rasmus mag es, Ostereier bunt anzumalen. Mia backt mit ihrer Mama Osterlämmer aus Teig. Laura erzählt, dass sie jedes Jahr mit ihren Eltern zu einem großen Osterfeuer geht.
Dann bemalen sie ausgeblasene Eier mit Wasserfarben, Wachsmalstiften und Filzstiften und verzieren sie.

Die fertigen bunten Eier hängen Greta und die Kinder an die Weidenzweige in der Vase. In einer Kiste finden Rasmus und Oskar kleine Stoffküken, die sie auf die Fensterbank setzen. Luka stellt noch die Lämmer aus dem Bauernhof dazu. „Fehlt nur noch unsere Fensterdekoration", sagt Greta und holt eine Mappe aus dem Regal. Aus Tonpapier und Watte haben die Kleinen Füchse Hasen gebastelt, die sie nun ans Fenster kleben.

„Kommt der Osterhase auch in den Kindergarten?“, fragt Laura.
„Ja, wenn wir unser großes Osterfrühstück mit den Eltern machen“, sagt Greta.
„Dann versteckt der Hase sicher auch eure Osterkörbchen im Garten.“
„Aber wir haben doch noch gar keine Körbchen“, stellt Luka fest.
„Dann müssen wir schnell welche basteln“, meint Greta und holt festes Papier, Scheren und Klebestifte aus dem Schrank. Mit ihrer Hilfe bastelt jedes Kind ein Körbchen, auf das es seinen Namen schreibt. Wer mag, legt auch noch ein bisschen Ostergras hinein.

Bis zum Osterfrühstück dauert es nicht mehr lange. Weil Greta weiß, dass die Kinder gerne Butterbrot mit Kresse essen, dürfen sie selbst Kresse anpflanzen.

In zwei flache Schalen legen sie nasse Watte. Dann verteilen Luka und Mia vorsichtig die Kressesamen darauf.

Jeden Tag müssen die Kinder ihr Wattebeet gießen. Und schon bald sehen sie die ersten winzigen grünen Blätter wachsen. „Osterhase, Pfeffernase!“

Oskar und Rasmus haben sich Osterhasen-Ohren gebastelt und rennen schreiend durch den Gruppenraum.
„Nicht so wild, ihr beiden“, ruft Greta. „Wie wäre es, wenn ihr einen Osterhasen-Wettlauf macht?“

Jeder bekommt einen Löffel, auf dem ein buntes Plastik-Ei liegt.
Als Mia „Los“ ruft, laufen Oskar und Rasmus los, so schnell sie können.
Oskars Ei fällt einmal herunter und auch das von Rasmus plumpst kurz vor dem Ziel auf den Boden. Mia entscheidet, dass beide gewonnen haben.

In der Kuschelecke reden die Kinder heute darüber, wie man Ostern in anderen Ländern feiert. „Auf Italienisch heißt Ostern Pasqua", weiß Luka. Mia sagt, dass ihre Oma in Polen mit einem Korb in die Kirche geht, der mit Essen gefüllt ist. Dort segnet es der Pfarrer und am nächsten Tag wird es mit der ganzen Familie gegessen.

Greta erzählt, dass sich in Finnland und Schweden die Kinder an Ostern als Hexen verkleiden. Sie klingeln an den Haustüren, sagen Gedichte auf und bekommen Süßigkeiten.
Sofort möchten sich alle als Hexen verkleiden und Süßigkeiten sammeln. Aber Greta erinnert sie daran, dass sie noch den Tisch für das Osterfrühstück decken müssen.

Endlich findet das große Osterfrühstück statt. Die Eltern der Kleinen Füchse sind gekommen und alle haben etwas mitgebracht. Es gibt ein Osterlamm aus Hefeteig, bunte hart gekochte Eier, frisches Brot, Butter und Marmelade. Wer mag, darf mit der Schere Kresse abschneiden und auf dem Brot verteilen. „Das schmeckt lecker“, freut sich Rasmus und nimmt sich noch ein Stück vom Osterlamm.

Nach dem Frühstück stürmen alle in den Garten, um die Osterkörbchen zu suchen. Mia findet ihres zuerst: Es liegt im Spielhaus. Lukas Körbchen ist so gut in den Büschen versteckt, dass ihm die anderen bei der Suche helfen müssen. In jedem Körbchen sind zwei Schokoladeneier und eine kleine Osterhasenkerze.

„Der Osterhase war hier“, ruft Oskar und zeigt auf ein paar Abdrücke im Sandkasten. Sofort suchen alle nach dem Hasen, aber der scheint sich gut versteckt zu haben.

Viel zu schnell geht das Osterfrühstück zu Ende. Bevor die Kinder und ihre Eltern nach Hause gehen, singen sie gemeinsam ganz laut ihr Lieblingslied:

Häschen in der Grube
saß und schlief, saß und schlief.
Armes Häschen, bist du krank,
dass du nicht mehr hüpfen kannst?
Häschen, hüpf, Häschen, hüpf!

6

Auf dem Bauernhof durch das Jahr

Mmh ... Milch

Januar

Hurra! Es hat geschneit! Sofie und ich helfen Papa, einen Weg zum Kuhstall frei zu schippen. Auf unserem Hof leben 30 Kühe und Kälber. Jeden Tag muss der Stall ausgemistet werden und jeden Morgen und Abend werden die Kühe im Melkstand gemolken.

An das Euter wird ein Gummisauger angesetzt, der die Milch abpumpt. Durch Leitungen fließt sie in einen Tank, wo sie gekühlt wird. Jeden zweiten Tag holt Herr Heintel von der Molkerei unsere Milch ab. Dort wird sie weiterverarbeitet zu Joghurt, Käse oder Quark.

Nach dem Melken werden die Kühe im Stall gefüttert. Im Trog liegt das Raufutter: Gras- und Maissilage, Futterkartoffeln, Getreide und Heu. Alles, was wir für das Kuhfutter benötigen, wächst auf unseren Feldern. Dort gibt es im Moment nichts zu tun. Erst wenn es wärmer wird, sät mein Papa Getreide und pflanzt Kartoffeln.

Februar

Gerade kommen wir vom Karnevalsumzug aus der Stadt. Wir haben eine Tüte voll Bonbons gefangen. „Die reichen für das ganze Jahr", meint Mama. Sofie und ich sind uns da nicht so sicher.
Erst mal bekommt Papa ein Bonbon, denn er konnte nicht mitkommen.
Er repariert den Traktor, der bald einsatzbereit sein muss.

An den Traktor werden alle Maschinen für die Feldarbeit gehängt. Mir gefällt der Beregnungswagen. Der wird an eine Pumpe angeschlossen, dann kann man damit übers Feld fahren und die Pflanzen gießen.
Mit der Wiesenschleppe macht Papa die vielen Maulwurfshügel platt.
„Der arme Maulwurf!", sagt Sofie dann immer. Papa hat nicht so viel Mitleid. Ihm ist es lieber, wenn der Maulwurf an einer anderen Stelle seine Gänge gräbt.

März

Puh, hier stinkt's! Papa ist mit dem Güllewagen aufs Feld gefahren. Gülle sind der gegorene Urin und der Kot der Kühe. Die darin enthaltenen Nährstoffe helfen den Pflanzen beim Wachsen.

Nachdem das Feld gedüngt ist, fährt Papa noch mal mit dem Pflug darüber. Der gräbt die Erde um. Die Gülle wird dadurch gut im Boden verteilt, auch Unkrautwurzeln werden herausgerissen. Damit ist der Acker gut vorbereitet für die Aussaat im nächsten Monat.

Bald werden die Kartoffeln gepflanzt. Die Kartoffelpflanzmaschine legt einzelne vorgekeimte Kartoffeln in die Erde und häuft dann wieder Erde darüber.

April

Es ist so weit: Das Sommergetreide wird gesät. Zuerst fährt Opa mit der Egge über den Acker. Die Zinken der Egge zerkleinern große Erdklumpen und machen die Erde ganz krümelig. Umso besser lässt sich das Saatgut verteilen. Papa füllt die Körner in die Sämaschine und fährt damit über das Feld. Wir bauen Hafer, Mais und Gerste an. Vieles davon verwenden wir als Tierfutter.

Die Kühe dürfen nun auch auf die Weide. „Vielleicht finden sie noch ein paar Schokoladeneier“, kichert Sofie. Auf der Weide haben wir dieses Jahr eine große Ostereiersuche mit unseren Freunden veranstaltet, als die Kühe noch im Stall waren.

Neben dem Kuhstall beginnt unser Garten. Mama pflanzt dort Tomaten, Gurken, Bohnen, Kräuter und Salat an.
Auch Sofie und ich haben ein eigenes Beet.
Ich säe Möhren aus, Sofie ihre Lieblingsblumen.

„Das nennen wir Rosa", sagt Sofie und zeigt auf das Kälbchen mit dem kleinen rosa Fleck hinterm Ohr. „Einverstanden", sage ich. Drei Kälbchen sind in diesem Frühling auf die Welt gekommen. Bei unserem Nachbarn wurden Lämmer und zwei Fohlen geboren. Die meiste Zeit verbringt Sofie im Moment dort, weil sie die kleinen Fohlen so toll findet.

Und wenn nicht, sitzt Sofie bei unseren Hühnern und streichelt die Küken. „Die sind so schön weich. Fühl mal!", sagt sie jedes Mal, wenn ich den Stall sauber mache und die Hühner füttere. Unsere Hühner dürfen frei herumlaufen. Nur zum Schlafen und Eierlegen gehen sie in den Stall. Die Eier sammeln wir jeden Tag ein. Oma verkauft sie im Hofladen.

Juni

„Mmhh! Das ist fast so gut wie Schwimmen." Mein Freund Tim ist zu Besuch. Schmatzend kaut er die leckeren Kirschen. Eigentlich waren wir fürs Freibad verabredet. Aber als Tim gehört hat, dass wir heute Kirschen und Johannisbeeren ernten, hat er freiwillig aufs Schwimmbad verzichtet. Oma und Sofie pflücken Johannisbeeren. Aus ihnen macht Oma die beste Marmelade der Welt.

Papa ist wieder auf dem Feld. Mit der Rundballenpresse presst er das gemähte Gras, das er drei Tage hat trocknen lassen, zu Heuballen. Die fährt er später mit dem Anhänger in die Scheune, wo das Heu gelagert wird.

Wenn in ein paar Wochen das nächste Mal Gras gemäht wird, bleibt es nicht zum Trocknen auf dem Feld liegen. Es kommt frisch geschnitten ins Silo. Dort kann das Gras gären. Im Winter freuen sich die Kühe dann über die Grassilage.

Das Getreide ist reif. Papa lässt den großen Mähdrescher an. „Fährst du mit aufs Feld?“, fragt er. Sofort springe ich auf. Opa fährt mit dem Traktor und einem Anhänger hinter uns her.

Das Schneidwerk vorne am Mähdrescher schneidet die Getreidehalme ab. Im Inneren werden die Körner aus den Ähren gedroschen und in einem Tank gesammelt. Über das Abtankrohr gelangen die Körner in den Anhänger des Traktors. Hinten wird das gedroschene Stroh ausgeworfen. Das Stroh bleibt erst mal auf dem Feld liegen. Es wird später zu Rundballen gepresst und dann in der Scheune gelagert.

Den Weizen verkauft mein Vater an eine Mühle, wo er zu Mehl gemahlen wird. Hafer und Gerste verwenden wir als Tierfutter. Aus Gerste wird aber auch Malz hergestellt. Das braucht man vor allem zum Bierbrauen. Eine Woche vorher hat Papa den Raps geerntet. Die schwarzen Körner der Rapspflanze werden in der Ölmühle gepresst. Das Öl wird weiterverarbeitet zu Speiseöl und Margarine.

August

Endlich sind Sommerferien! Und schon sind die ersten Feriengäste da: eine Familie mit zwei Kindern. Sie wohnen zwei Wochen in der Wohnung im Dachgeschoss. Sofie und ich zeigen Jakob und Hanna den Hof. Hanna interessiert sich nur für die Ponys. Sie und Sofie sind gleich beste Freundinnen.

Jakob und ich besuchen Papa in der Scheune. Jakob fragt, ob er mal Traktor fahren darf. Aber Papa meint, dafür ist er noch zu jung.
Mama führt Hanna auf dem Pony Hubert über den Feldweg. Sofie läuft nebenher.
Später striegeln wir alle zusammen die Ponys. Das ist wichtig, denn die Tiere müssen von Schmutz befreit werden.

Im September beginnt die Ernte für den Futtermais. Mit dem Maishäcksler fährt Papa aufs Feld. Die Maschine schneidet die ganzen, noch grünen Maisstängel zusammen mit den Maiskolben in kleine Stücke. Der gehäckselte Mais fällt auf den Anhänger, mit dem Opa nebenherfährt.

Auf dem Hof füllen er und Papa den Häcksel in das Silo. Das Silo wird gut abgedeckt, sodass der Mais gären kann. Es entsteht die Maissilage, die unsere Kühe im Winter zweimal am Tag als Futter bekommen.

Auch die Kartoffeln können jetzt geerntet werden. In der Sortiermaschine auf dem Hof werden faule und grüne Kartoffeln sowie Steine aussortiert. Die Kartoffeln werden abgewogen, in Säcke gepackt und zum Verkauf im Hofladen angeboten. Auch die Äpfel, Birnen und Zwetschgen sind jetzt reif.

Oktober

Tim und ich schnitzen Grusel-Kürbisse. Wir haben uns zwei dicke Kürbisse aus dem Gemüsegarten geholt. Die restlichen haben wir vor den Hofladen geschleppt. Wenn es nicht regnet, feiern wir mit Freunden ein kleines Halloween-Fest. Es soll Kürbissuppe und Stockbrot geben.

Papa fährt mit Opa zum letzten Mal in diesem Jahr aufs Feld, um den Körnermais zu ernten. Die Körner sind jetzt goldgelb und hart. Der Maismähdrescher funktioniert so ähnlich wie der Mähdrescher. Er pflückt die Maiskolben und drischt die Körner aus.
Die Maiskörner werden getrocknet, gelagert und als Viehfutter verwendet.

Anschließend wird der Ackerboden gepflügt und mit der Egge bearbeitet. Dann kann das Wintergetreide gesät werden. Im Gegensatz zum Sommergetreide braucht das viel länger, bis es reif ist. Erst im nächsten Sommer kann man es ernten.

Kohl
Rosenkohl
Äpfel

November

Heute helfe ich Oma im Hofladen. Hier verkaufen wir frische Milch, Eier, Obst, Gemüse, Kartoffeln und natürlich Omas beste Marmelade der Welt. Unsere Halloween-Kürbisse stehen immer noch vor der Tür. Die Kerzen darin flackern. Im Nebel sieht das richtig gruselig aus. Im Laden ist es schön warm. Mit Mimi sitze ich gerne vor dem Ofen.

Papa friert bestimmt. Er muss den Zaun an der Weide reparieren. Heute Morgen hat er sich geärgert, weil es geregnet hat. Jetzt ist es trocken, aber dafür ganz schön neblig und kalt. Im Winter hat Papa fast nichts auf den Feldern zu tun. Deshalb kümmert er sich um die Dinge, die repariert werden müssen. Und natürlich um die Kühe und Kälbchen und alle anderen Tiere.

Dezember

Heute habe ich das erste Türchen meines Adventskalenders geöffnet. Bald ist Weihnachten! Jedes Jahr im Dezember fällt unser Nachbar Bäume in seinem Wald. Einen davon bekommen wir, das wird unser Hofweihnachtsbaum. Wir alle helfen, ihn zu schmücken.

Papa sitzt jetzt oft im Büro und kümmert sich um den Papierkram. So nennt er es, wenn er Rechnungen bezahlen muss und überlegt, ob er sich im nächsten Jahr einen neuen Traktor kaufen kann.

Papa hat versprochen, dass er nach Weihnachten mit Mama, Sofie und mir ein paar Tage wegfährt. Dann kommt eine Aushilfe von einem anderen Bauernhof und hilft Oma und Opa mit den Tieren. Auf den Urlaub freue ich mich schon, aber bestimmt werden wir unseren Hof und die Tiere ganz schnell vermissen.

Die **LESEMAUS** ist eine eingetragene Marke des Carlsen Verlags.

Alle Bücher im Internet: lesemaus.de
Newsletter mit tollen Lesetipps kostenlos per E-Mail: carlsen.de

Mit Fragen zur Produktsicherheit wenden Sie sich bitte an: carlsen.de/kontakt

Sonderausgabe im Sammelband
© 2022 Carlsen Verlag GmbH, Völckersstraße 14–20, 22765 Hamburg
ISBN: 978-3-551-68114-0
Umschlagkonzeption der Reihe: Gunta Lauck
Illustration der Lesemaus:
Hildegard Müller, Dorothea Tust, Karin Kröll, Steffen Meier
Umschlagillustration sowie Illustrationen Vor- und Nachsatzpapier: Anne Ebert
Lesemaus-Redaktion: Anja Kunle
Lektorat: Constanze Steindamm
Lithografie: ReproTechnik Fromme, Hamburg

Der Bauernhof
© Carlsen Verlag GmbH, Hamburg 2018

Große Fahrzeuge auf dem Bauernhof
© Carlsen Verlag GmbH, Hamburg 2009

Molli, das kleine Schaf
© Carlsen Verlag GmbH, Hamburg 2008

Ich hab einen Freund, der ist Bauer
© Carlsen Verlag GmbH, Hamburg 2016

Frühlingszeit im Kindergarten
© Carlsen Verlag GmbH, Hamburg 2013

Auf dem Bauernhof durch das Jahr
© Carlsen Verlag GmbH, Hamburg 2014

FSC
www.fsc.org
MIX
Papier | Fördert gute Waldnutzung
FSC® C018236

VORLESEN LEICHT GEMACHT

Liebe Eltern,
Vorlesen macht allen Spaß: Ihrem Kind beim Zuhören und Ihnen beim Vorlesen.

Einfach anfangen!
Vorlesen braucht keinen großen Zeitaufwand und kann gut in den Familienalltag eingebaut werden. Schon 5 Minuten täglich reichen, um Ihr Kind in seiner Entwicklung zu unterstützen.

Vorlesen geht auch zwischendurch
Egal ob Sie gerade an der Bushaltestelle stehen oder die Zeit überbrücken, bis das Essen fertig ist: Ein paar Minuten gemeinsam in eine Geschichte abtauchen geht immer.

Sprechen Sie über die Geschichte
Wenn Ihr Kind Sie beim Vorlesen unterbricht, ist das nicht schlimm. Es ist wichtig, über das Gehörte zu sprechen. Sie können auch gezielt Fragen stellen: Hast du auch schon mal so was erlebt? Hat dir die Geschichte gefallen?

Die Wahl der richtigen Geschichte
Die passenden Geschichten für Ihr Kind sind die, die es interessieren. Lassen Sie Ihr Kind gerne selbst aussuchen, was Sie vorlesen sollen.

Viel Spaß beim gemeinsamen Lesen wünschen die Lesemaus und die Stiftung Lesen

Stiftung Lesen